RATUS POCHE

COLLECTION DIRIGÉE PAR Jeanine et Jean Guion

En plus de l'histoire :
– des mots expliqués pour t'aider à lire,
– des dessins avec des questions
pour tester ta lecture.

● ● ● ● ● ● ● ● ● ● ● ● ● ●

© Hatier Paris 1995, ISSN 1259 4652, ISBN 2-218 05547-3

sauver — to save

la griffe — claw

un ogre — ogre = Riese
Unhold
Scheusal
menschenfressender
Ungeheuer

Ratus
se déguise

Une histoire de Jeanine et Jean Guion
illustrée par Olivier Vogel

HATIER

Belo le grand-père chat

Victo

Ratus l'affreux rat vert

Marou

Mina

Les personnages de l'histoire

Belo lit le journal à haute voix :

– *Concours des amis déguisés.* Premier prix : une heure dans un magasin de Villeratus… Les gagnants pourront manger tout ce qu'ils veulent.

Les yeux de Ratus brillent :

– Si je gagne, je pourrai manger tous les fromages de monsieur Labique !

– Et moi, toutes les saucisses de la Charcuterie Royale ! dit Victor.

– Et nous, tous les gâteaux du Palais d'Or, disent Marou et Mina.

En quoi Ratus veut-il se déguiser ?

— Il faut se déguiser, dit Belo. Mais il faut aussi jouer une saynète. (histoire courte)[1]

— Jouons une histoire d'ogre très méchant, dit Marou.

— Moi, je serai l'ogre ! crie Ratus.

— Alors, je serai le prince charmant, dit Victor.

Ratus proteste :[2]

— Quoi ? toi, un prince charmant ? Avec tes gros muscles ? Ah, non !

le muscle [myskl]

Qui sera le roi ?

distribuer [distribye] - to distribute

— Je vais distribuer les rôles, dit Belo. 3
Victor est grand et fort : il sera l'ogre.
Mina sera la princesse et Marou le
chevalier qui défend sa sœur.

— Et moi ? demande Ratus.

— Tu seras le prince charmant qui
veut épouser la princesse. 4

Ratus a un grand sourire. Il est
content.

— Moi, je serai le roi, ajoute Belo.

le chevalier — knight

Mamie Ratus prête un costume à Ratus.
Lequel ?

Aussitôt, nos amis préparent leurs déguisements. Belo fouille dans les vieilles malles du grenier avec Marou et Mina. Victor va louer un costume d'ogre. Le rat vert téléphone à sa grand-mère : 5

– Dis, Mamie, as-tu un costume de prince charmant à me prêter ?

– Bien sûr ! répond Mamie Ratus. J'ai le costume de mariage de mon septième mari, celui qui était poète. Je te l'envoie par la poste.

Où se passe le concours ?

Le jour du concours arrive. Tout le monde se retrouve au théâtre de Villeratus. Nos amis attendent leur tour : ils passent en dernier.

Marou a le trac. Il répète sans arrêt : 6

– On ne va pas gagner ! Il y a des déguisements plus jolis que les nôtres.

– Et ce n'est pas bon de passer en dernier, ajoute Victor. On va perdre…

– J'ai une idée, dit Ratus.

Et il part en courant.

le trac — stage fright

Qui l'ogre Victor veut-il manger ?

Quand vient le tour de nos amis, Ratus n'est toujours pas revenu… La pièce commence sans le rat vert.

– Miam, miam ! hurle l'ogre Victor. Je mangerais bien une petite princesse.

Le roi Belo s'avance sur la scène :

– La princesse Mina avait un prince charmant qui la protégeait contre l'ogre… Hélas ! Ce prince a disparu !

– Il ne faut pas avoir peur, Sire, je suis là ! crie le chevalier Marou.

Quel personnage ne correspond pas
à l'histoire ?

L'ogre s'approche du chevalier Marou. Il l'attrape par le bras et le jette dans une cage. La princesse Mina tremble de peur. Le roi lève son épée.

– Du calme, grand-père ! gronde l'ogre en arrachant la couronne de Belo.

L'ogre apporte ensuite une grosse marmite au milieu de la scène.

– Je vais te faire cuire ! dit-il à la princesse Mina qui pleure.

– Au secours, prince charmant ! Viens vite me sauver, crie-t-elle.

Qui dit à l'ogre de laisser Mina tranquille ?

Mais le prince charmant ne répond pas. Il n'est toujours pas là…

– Ton prince charmant est un froussard ! ricane l'ogre. Je vais te transformer en saucisses et te manger.

On entend des cris dans la salle. Les enfants ont peur de l'ogre, eux aussi.

– Hou ! Hou ! font les spectateurs.

Soudain, une voix retentit :

– Hé, l'ogre, laisse Mina tranquille ! C'est Ratus. Il est de retour.

Que fait Victor quand Ratus lance
les saucisses ?

Le rat vert s'avance sur la scène et dit aux spectateurs :

– Moi, je n'ai pas peur des ogres parce que je suis plus malin qu'eux.

Et il montre un chapelet de saucisses. 8

– Qui veut mes saucisses ?

Et le rat vert les lance le plus loin possible dans les coulisses. 9

Aussitôt, Victor oublie qu'il joue le rôle d'un ogre. Il quitte la scène pour aller ramasser les saucisses.

Qui a sauvé Mina ?

Ratus s'approche alors de ses amis les chats et déclare :

– Ne pleure pas, princesse ! Me voilà.

Il délivre Mina, sort Marou de la cage et remet la couronne sur la tête du roi Belo.

– Merci, prince charmant, dit Mina en faisant une jolie révérence.

Dans la salle, tout le monde s'est levé et applaudit. Et nos amis gagnent ainsi le premier prix.

Qu'est-ce que Ratus a mangé ?

Le lendemain, les gagnants vont manger tout ce qu'ils veulent dans une boutique de leur choix. ₁₂

Le jour suivant, ils ont tous mal au ventre. Belo a mangé trop de chocolat, Mina et Marou trop de gâteaux à la crème et Victor trop de saucisses !

Mais c'est Ratus qui est le plus malade : en une heure, il a réussi à manger tous les fromages de monsieur Labique !

1

une **saynète**
(on prononce :
sè-nè-te)
Une histoire courte
qu'on joue.

2

il **proteste**
Il n'est pas d'accord.

3

distribuer les rôles
Dire à chacun
le personnage
qu'il doit jouer.

4

épouser
Se marier avec.

5

une **malle**

6

il a le **trac**
Il a peur de jouer.

7

un **froussard**
Un peureux.

8
un **chapelet**
de saucisses
Des saucisses attachées
les unes aux autres.

9
les **coulisses**
La partie d'un théâtre
qui est de chaque côté
de la scène et qu'on ne
voit pas.

10
il **délivre** Mina
Il rend la liberté à
Mina.

11
faire une révérence
Saluer en se penchant
et en pliant le genou.

12
une **boutique**
Un magasin.

1 Le robot de Ratus

Une histoire de Jeanine & Jean Guion, illustrée par Olivier Vogel.

Ratus a acheté un robot pour faire peur à ses voisins les chats. Mais le robot tombe en panne...

2 Tico fait du vélo

Une histoire de Jeanine & Jean Guion, illustrée par Pierre Cornuel.

Tico a un joli vélo. Il promène son ami Plumet. Mais le vélo va vite, beaucoup trop vite...

3 Les champignons de Ratus

Une histoire de Jeanine & Jean Guion, illustrée par Olivier Vogel.

Dans la forêt, Ratus ramasse des champignons. Il ne sait pas qu'ils sont vénéneux !

4 Tico aime les flaques d'eau

Une histoire de Jeanine & Jean Guion, illustrée par Pierre Cornuel.

C'est amusant de sauter dans les flaques d'eau ! Mais quand on est un robot...

5 Sino et Fanfan au cinéma

Une histoire de Charles Milou, illustrée par Jean-Loup Benoît.

Devant nos amis, il y a une chèvre avec de grandes cornes. Pas facile de voir l'écran !

6 Ratus raconte ses vacances

Une histoire de Jeanine & Jean Guion, illustrée par Olivier Vogel.

En vacances à Saint Tropez, Ratus est capturé par des pirates. Il raconte sa terrible aventure...

7 Le cadeau de Mamie Ratus

Une histoire de Jeanine & Jean Guion, illustrée par Olivier Vogel.

On vole les fromages de Ratus ! Pour l'aider, sa grand-mère va lui faire un drôle de cadeau...

6-7 ans

Tu es un super-lecteur
si tu as trouvé ces 10 bonnes réponses.

2, 7, 13, 14, 19, 23, 24, 30, 33, 37.

Maquette Jean Yves Grall, mise en page Joseph Dorly

Imprimé en France par Pollina, 85400 Luçon - n° 67807 - A
Dépôt légal n° 14669 - juin 1995